GEBEDENBOEK VOOR KINDEREN

VOLGENS DE ORTHODOX
CHRISTELIJKE TRADITIE

GEBEDENBOEK VOOR KINDEREN

VOLGENS DE ORTHODOX CHRISTELIJKE TRADITIE

Dit gebedenboek is uitgegeven met de zegen
van de Allerheiligste SIMON,
Aartsbisschop van Brussel en België.

© 2021, Uitgeverij Orthodox Logos

www.orthodoxlogos.com

ISBN: 978-1-914337-26-0

Voor het eerst gepubliceerd in Nederland
door Uitgeverij Orthodox Logos in September 2021

Op dit boek rust copyright. Niets uit deze uitgave mag worden verveelvoudigd, opgeslagen in een geautomatiseerd gegevensbestand en/of openbaar gemaakt in enige vorm of op enige wijze, zonder voorafgaande schriftelijke toestemming van de uitgever, noch anderszins worden verspreid in een andere band of omslag dan die waarin het is gepubliceerd, zonder dat een soortgelijke voorwaarde, inclusief deze voorwaarde, aan de volgende afnemer wordt opgelegd.

GEBEDENBOEK VOOR KINDEREN

VOLGENS DE ORTHODOX
CHRISTELIJKE TRADITIE

UITGEVERIJ ORTHODOX LOGOS

Inhoudsopgave

pagina

Hoe te bidden (v. Sergei Ovsiannikov)	7
Het Jezusgebed (v. Silouan Osseel)	9

Morgengebeden

Gebed van de Tollenaar	11
Inleidende gebeden	12
Hemelse Koning	12
Trisagion ('Heilige God')	13
Onze Vader	16
Drieëenheidstroparen	17
Gebed tot de alheilige Drieëenheid	19
Komt, laten wij aanbidden	20
Geloofsbelijdenis	21
Morgengebed van de heilige Makarios de Grote	23
Slotgebeden	24

Avondgebeden

Inleidende gebeden	25
Hemelse Koning	26
Trisagion ('Heilige God')	26
Onze Vader	28
Troparen	29
Avondgebed	30
Slotgebeden	32
Gebeden voor het slapengaan	33
Gebed tot het heilig Kruis	33
Gebed vlak voor het slapengaan	33

pagina

Gebeden gedurende de dag
Gebed vóór het eten   37
Gebed na het eten   38
Gebed vóór de les   38
Gebed na de les   38
Gebed vóór het werk   39
Gebed na het werk   39
Kort gebed vóór het werk   40
Kort gebed na het werk   40
Hymne voor de Moeder Gods   41
Onder uw hoede   43
Tropaar tot de Beschermengel   45
Gebed tot de Naamheilige   46
Gebed voor de levenden   47
Gebed voor de ontslapenen   49
Jezusgebed   51

Gebeden voor verschillende gelegenheden
Het vastengebed van de heilige Efraïm de Syriër   53
Gebed voor een zieke   55
Gebed voor de reizigers   56
Gebed vóór de heilige Communie   57
Dankgebeden na het ontvangen van de heilige Communie   59
   Gebed van de heilige Basiel de Grote   59
   Gebed van de rechtvaardige Simeon   60
   Slot   60
Tropaar en stichira van Pasen   61
Troparen van de overige Hoogfeesten   62

Hoe te bidden

Door Aartspriester vader Sergei Ovsiannikov

Gebed – dat zijn die momenten in ons leven, wanneer wij ons oprecht voor God plaatsen. Wij wenden ons tot God met woorden, of met de gevoelens waar wij vol van zijn; met een gevoel van vreugde, of van onrust, met een gevoel van dankbaarheid, of met een verzoek. Net zoals de dag een begin, een midden en een einde heeft, zo staat God aan het begin van ons leven als de Schepper, in het midden van ons leven als onze Gids, en aan het einde van ons leven komt Hij ons tegemoet en oordeelt Hij over onze daden – maar Hij is een genadige Rechter.

Wij loven God als Schepper, als Schenker van ons leven. Dat is een lofprijzing. Als Gids danken wij Hem voor alle zorg die Hij aan ons betoont. Dat is een dankzegging. Aan de Rechter vragen wij dat Hij ons niet te streng oordeelt, maar dat Hij ons helpt in dit leven. Dat is een smeekbede.

Hoe verschillend kunnen gebeden zijn! In elk gebed zoeken wij God, reiken wij naar Hem toe als naar de bron van het goede en van het licht. En op de vraag "hoe moeten wij bidden?", is een simpel antwoord mogelijk. Stel je een zonnebloem voor, die reikt naar het zonlicht. In deze bloem is een kracht aanwezig, die voortdurend de kop van de zonnebloem naar de zon toewendt. Zo bezitten wij ook een kracht, die wij nooit mogen vergeten – het gebed. Het gebed keert ons naar God toe – naar de bron van alle licht en vreugde.

Het Jezusgebed

Door Aartspriester vader Silouan Osseel

"Laat de kinderen tot mij komen", en "indien je niet wordt zoals deze kinderen zal je het Koninkrijk Gods niet binnengaan". Dat zei Christus tot de grote mensen. Dat betekent dat Jezus Christus de kinderen heel bijzonder liefheeft. Wanneer wij proberen tot God te spreken of te bidden, is dat vaak niet makkelijk. Allerlei gedachten komen in ons hoofd op, zoals onze school, ons speelgoed en veel andere dingen, en die gedachten verstoren ons gesprek met God. Al bijna tweeduizend jaar hebben monniken en monialen die in kloosters wonen, maar ook mensen (mannen en vrouwen, jongens en meisjes) in de gewone maatschappij, die hun leven proberen op te bouwen op een christelijke manier en iedere dag proberen om met God samen te zijn, hetzelfde probleem. Daarom hebben de leerlingen van Christus een heel kort, zeer krachtig gebed waar de Naam van God in staat en die uit de Heilige Schrift gekozen is. Dat gebed proberen zij zonder andere gedachten uit te spreken, en omdat het zo kort is, lukt dat wel. Zij (wij) zeggen langzaam enkele keren na elkaar: **"Heer Jezus Christus, Zoon van God, ontferm U over mij"**. Telkens als we de naam van een vriend roepen dan komt hij naar ons toe, want hij draagt die naam. Wanneer wij de Naam van Jezus uitspreken, terwijl we ook zelf naar die Naam luisteren, dan komt Jezus naar ons toe en ontmoeten wij Hem, want Hij draagt die Naam. Hoe vaker we iemand ontmoeten, hoe beter we hem leren kennen, en hoe vaker Hij ons laat voelen dat Hij ons kent en ons liefheeft. Orthodoxe kinderen zeggen vaak de Naam van hun Vriend Jezus, want zij weten dat Hij dan komt om met hen samen te zijn. Kinderen hoeven nooit alleen te zijn. Altijd en op iedere plaats kunnen zij de Naam van hun Vriend Jezus uitspreken en horen, in tijden van vreugde en in tijden van verdriet. Dan weten ze dat Hij komt, omdat Hij die Naam draagt, en omdat die Naam Hem draagt, en omdat Hij de kinderen liefheeft.

Morgengebeden

Wanneer je 's morgens wakker wordt, ga dan zonder eerst andere dingen te doen met eerbied voor de ikonen staan, maak het kruisteken en zeg

In de Naam van de Vader, de Zoon, en de Heilige Geest. Amen.

Wacht dan even tot je tot rust bent gekomen, maak 3 buigingen en bid dan de volgende gebeden

Gebed van de Tollenaar
(Lukas 18:13)

O God, wees mij, zondaar, genadig.

Inleidende Gebeden

Heer Jezus Christus, Zoon van God, omwille der gebeden van Uw alreine Moeder en alle heiligen, ontferm U over ons. Amen.

Ere zij U, onze God, ere zij U.

Hemelse Koning

Hemelse Koning, Trooster, Geest der waarheid,
Die alom tegenwoordig zijt, en alles vervult,
Schatkamer van het goede, en Schenker van het leven,
kom en verblijf in ons, reinig ons van alle smet,
en red onze zielen, o Goede.

Trisagion ('Heilige God')

Heilige God, heilige Sterke, heilige Onsterflijke, ontferm U over ons.

3x; maak het kruisteken en een buiging

Eer aan de Vader, de Zoon, en de Heilige Geest, nu en altijd, en in de eeuwen der eeuwen. Amen.

Alheilige Drieëenheid, ontferm U over ons.
Heer, wis onze zonden uit.
Meester, vergeef ons onze ongerechtigheden.
Heilige, bezoek ons en genees onze zwakheden omwille van Uw Naam.

Heer, ontferm U. *(3x)*

Eer aan de Vader, de Zoon, en de Heilige Geest, nu en altijd, en in de eeuwen der eeuwen. Amen.

Onze Vader

Onze Vader, Die in de hemelen zijt,
Uw Naam worde geheiligd,
Uw Koninkrijk kome,
Uw wil geschiede, zoals in de hemel,
zo ook op aarde.
Geef ons heden ons dagelijks brood,
en vergeef ons onze schulden,
zoals ook wij onze schuldenaren vergeven.
En leid ons niet in verzoeking,
maar verlos ons van den boze.

Drieëenheidstroparen

Ontwaakt uit de slaap, vallen wij voor U neer,
gezegende God, en zingen voor U, Almachtige,
het lied der Engelen:
heilig, heilig, heilig zijt Gij, o God,
door de gebeden van de Moeder Gods, ontferm
U over ons.

Eer aan de Vader, de Zoon, en de Heilige Geest.

Uit de slaap hebt Gij mij doen opstaan, Heer.
Verlicht nu mijn geest en hart, open mijn lippen,
opdat ik U zal toezingen, o alheilige Drieëenheid:
heilig, heilig, heilig zijt Gij, o God,
door de gebeden van de Moeder Gods, ontferm
U over ons.

Nu en altijd, en in de eeuwen der eeuwen. Amen.

Onverwachts zal de Rechter komen
en de daden van allen zullen openbaar worden,
maar in vreze roepen wij U aan op dit uur:
heilig, heilig, heilig zijt Gij, o God,
door de gebeden van de Moeder Gods, ontferm U
over ons.

Heer, ontferm U. *(12x)*

Gebed tot de alheilige Drieëenheid

Ontwaakt uit de slaap, dank ik U, alheilige Drieëenheid, dat Gij in Uw grote goedheid en lankmoedigheid niet vertoornd zijt geweest op mij, trage zondaar, en mij niet verloren hebt laten gaan met al mijn overtredingen, maar als steeds Uw liefde hebt betoond en mij uit de slaap hebt opgewekt om mijn morgengebed tot U op te zenden en Uw macht te loven.
Verlicht ook nu de ogen van mijn verstand, open mijn mond om door Uw woorden te worden onderricht, Uw geboden te verstaan, Uw wil te volbrengen, U vol geloof toe te zingen, en te loven Uw alheilige Naam: van de Vader, de Zoon, en de Heilige Geest, nu en altijd, en in de eeuwen der eeuwen. Amen.

Komt, laten wij aanbidden

Komt, laten wij aanbidden onze Koning en God.
Komt, laten wij aanbidden, en nedervallen voor Christus, onze Koning en God.
Komt, laten wij aanbidden, en nedervallen voor Christus Zelf, onze Koning en God.

Geloofsbelijdenis

Ik geloof in één God, de almachtige Vader,
Schepper van hemel en aarde, van al het zichtbare
en onzichtbare.
En in één Heer, Jezus Christus, de eniggeboren
Zoon van God, geboren uit de Vader vóór alle
eeuwen.
Licht uit Licht, ware God uit de ware God, geboren,
niet geschapen, één in wezen met de Vader, en door
Wie alles geworden is;
Die om ons mensen, en om onze verlossing uit de
hemel is nedergedaald, en vlees heeft aangenomen
door de Heilige Geest uit de Maagd Maria, en Mens
geworden is;
Die voor ons onder Pontius Pilatus gekruisigd is,
geleden heeft en begraven is;

Die opgestaan is op de derde dag volgens de Schriften;
Die opgevaren is ten hemel, en zetelt aan de rechterhand van de Vader;
Die zal wederkomen in heerlijkheid, om levenden en doden te oordelen, en aan Wiens Rijk geen einde zal zijn.
En in de Heilige Geest, Heer en Levendmaker, Die uitgaat van de Vader;
Die aanbeden en verheerlijkt wordt tezamen met de Vader en de Zoon;
Die door de profeten gesproken heeft.
In één heilige, katholieke en apostolische Kerk.
Ik belijd één Doop tot vergeving van zonden.
Ik verwacht de opstanding van de doden, en het leven van de komende eeuwigheid.
Amen.

Morgengebed van de heilige Makarios de Grote

(derde gebed)

Ontwaakt uit de slaap, kom ik tot U, o menslievende Koning, en maak mij gereed om Uw werken te doen door Uw barmhartigheid, en bid U: help mij te allen tijde, in al mijn doen, en bewaar mij voor iedere boosheid van deze wereld, voor iedere duivelse overrompeling. Red mij en leid mij in Uw eeuwig Koninkrijk. Want Gij zijt mijn Schepper en de voorzienige Schenker van al het goede, op U heb ik al mijn hoop gesteld en aan U zend ik de lof, nu en altijd, en in de eeuwen der eeuwen. Amen.

Slotgebeden

Waarlijk, het is waardig u zalig te prijzen, Moeder Gods,
u, de altijd zaliggeprezen, alreine Moeder van onze God.
U, eerbiedwaardiger dan de Cherubijnen,
en onvergelijkelijk glorierijker dan de Serafijnen,
die ongerept God het Woord hebt gebaard,
in waarheid Gods Moeder: u verheffen wij.

Eer aan de Vader, de Zoon, en de Heilige Geest, nu en altijd, en in de eeuwen der eeuwen. Amen.

Heer, ontferm U. *(3x)*

Heer Jezus Christus, Zoon van God, door de gebeden van Uw alreine Moeder, onze heilige en Goddragende vaders en alle heiligen, ontferm U over ons. Amen.

Avondgebeden

In de Naam van de Vader, de Zoon, en de Heilige Geest. Amen.

Inleidende Gebeden

Heer Jezus Christus, Zoon van God, omwille van de gebeden van Uw alreine Moeder, onze heilige en Goddragende vaders, en alle heiligen, ontferm U over ons. Amen.

Ere zij U, onze God, ere zij U.

Hemelse Koning

Hemelse Koning, Trooster, Geest der waarheid,
Die alom tegenwoordig zijt, en alles vervult,
Schatkamer van het goede, en Schenker van het leven,
kom en verblijf in ons, reinig ons van alle smet,
en red onze zielen, o Goede.

Trisagion ('Heilige God')

Heilige God, heilige Sterke, heilige Onsterflijke, ontferm U over ons.

3x; maak het kruisteken en een buiging

Eer aan de Vader, de Zoon, en de Heilige Geest, nu en altijd, en in de eeuwen der eeuwen. Amen.

Alheilige Drieëenheid, ontferm U over ons.
Heer, wis onze zonden uit.
Meester, vergeef ons onze ongerechtigheden.
Heilige, bezoek ons en genees onze zwakheden omwille van Uw Naam.

Heer, ontferm U. *(3x)*

Eer aan de Vader, de Zoon, en de Heilige Geest, nu en altijd, en in de eeuwen der eeuwen. Amen.

Onze Vader

Onze Vader, Die in de hemelen zijt,
Uw Naam worde geheiligd,
Uw Koninkrijk kome,
Uw wil geschiede, zoals in de hemel,
zo ook op aarde.
Geef ons heden ons dagelijks brood,
en vergeef ons onze schulden,
zoals ook wij onze schuldenaren vergeven.
En leid ons niet in verzoeking,
maar verlos ons van den boze.

Troparen
(toon 6)

Ontferm U over ons, Heer, ontferm U over ons, want wij zondaars die van alle verdediging verstoken zijn bieden U, o Meester, dit smeekgebed aan: ontferm U over ons.

Eer aan de Vader, de Zoon, en de Heilige Geest.

Heer, ontferm U over ons, want op U hebben wij ons vertrouwen gesteld. Laat Uw toorn niet al te zeer op ons neerkomen en wees onze overtredingen niet indachtig, maar zie ook nu barmhartig naar ons om en verlos ons van onze vijanden. Want Gij zijt onze God, en wij zijn Uw volk, wij allen zijn het werk van Uw handen, en Uw Naam roepen wij aan.

Nu en altijd, en in de eeuwen der eeuwen. Amen. Open voor ons de deuren der barmhartigheid, gezegende Moeder van God, wij vertrouwen op U. Laat ons niet verloren gaan, maar behoed ons voor alle onheil, want Gij zijt de bescherming van alle christenen.

Heer, ontferm U. *(12x)*

Avondgebed (vijfde gebed)

Heer onze God, vergeef mij de zonden die ik op deze dag in woord en daad en in gedachte heb begaan, want Gij zijt goed en menslievend. Schenk mij een rustige en ongestoorde slaap: zend mij Uw Engel om mij voor alle onheil te behoeden en te beschermen, want Gij zijt de Beschermer van onze zielen en lichamen, en aan U zenden wij de lof, aan de Vader, de Zoon en de Heilige Geest, nu en altijd, en in de eeuwen der eeuwen. Amen.

Slotgebeden

Waarlijk, het is waardig u zalig te prijzen, Moeder Gods,
u, de altijd zaliggeprezen, alreine Moeder van onze God.
U, eerbiedwaardiger dan de Cherubijnen,
en onvergelijkelijk glorierijker dan de Serafijnen,
die ongerept God het Woord hebt gebaard,
in waarheid Gods Moeder: u verheffen wij.

Eer aan de Vader, de Zoon, en de Heilige Geest, nu en altijd, en in de eeuwen der eeuwen. Amen.

Heer, ontferm U. *(3x)*

Heer Jezus Christus, Zoon van God, door de gebeden van Uw alreine Moeder, onze heilige en Goddragende vaders en alle heiligen, ontferm U over ons. Amen.

Gebeden voor het slapengaan

Gebed tot het heilig Kruis (kort gebed)

Maak het kruisteken en bid

Bescherm mij, o Heer, door de kracht van Uw heilig en levendmakend Kruis, en behoed mij voor alle onheil.

Gebed vlak voor het slapengaan

Wanneer je in slaap valt, bid dan

In Uw handen, Heer Jezus Christus, mijn God, beveel ik mijn geest: zegen mij, ontferm U over mij en schenk mij het eeuwige leven. Amen.

Gebeden gedurende de dag

Gebed vóór het eten

Aller ogen zijn gericht op U, o Heer.
Gij geeft hun spijs te rechter tijd,
Gij opent Uw milde hand en vervult alles wat leeft met Uw gaven.

Eer aan de Vader, de Zoon, en de Heilige Geest, nu en altijd, en in de eeuwen der eeuwen. Amen.

Heer, ontferm U. *(3x)*

Door de gebeden van onze heilige vaders, Heer Jezus Christus onze God, ontferm U over ons. Amen.

Vóór het eten kunnen we ook het Onze Vader bidden.

Gebed na het eten

Wij danken U, o Christus onze God, dat Gij ons hebt verzadigd met Uw aardse goederen: onthoud ons ook niet Uw hemels Koninkrijk, maar zoals Gij tot Uw leerlingen kwam, o Heiland, en hun vrede schonk, kom zo ook tot ons en red ons.

Eer aan de Vader, de Zoon, en de Heilige Geest, nu en altijd, en in de eeuwen der eeuwen. Amen.

Heer, ontferm U. *(3x)*

Door de gebeden van onze heilige vaders, Heer Jezus Christus onze God, ontferm U over ons. Amen.

Gebed vóór de les

O Algoede Heer! Zend de genade van Uw Heilige Geest op ons neer, om ons inzicht te geven, en kracht te geven aan de vermogens van onze zielen; zodat wij, met aandacht mogen deelnemen aan het ons gegeven onderricht, en mogen opgroeien ter ere van U onze Schepper; dat wij een vreugde mogen zijn voor onze ouders, en de Kerk en alle mensen mogen dienen.

Gebed na de les

Wij danken U onze Schepper, dat U ons Uw genade gegeven heeft om deel te nemen aan dit onderricht. Zegen onze ouders en leraren die ons leiden tot de kennis van het goede en geef ons kracht om te volharden in onze studies.

Gebed vóór het werk

Heer Jezus Christus, eniggeboren Zoon van Uw beginloze Vader, Gij hebt gezegd: 'Zonder Mij kunt gij niets doen'. Mijn Heer en mijn God, ik geloof met hart en ziel in deze woorden en buig mij voor Uw goedheid. Help mij, zondaar, het werk dat ik nu ga beginnen in verbondenheid met U te volbrengen, in de Naam van de Vader, de Zoon, en de Heilige Geest. Amen.

Gebed na het werk

De vervulling van alle goede dingen zijt Gij, o mijn Christus. Vervul mijn ziel met vreugde en blijmoedigheid en red mij, want Gij alleen zijt goed en menslievend. Amen.

Kort gebed
Vóór het werk

Zegen, Heer.

Kort gebed
Na het werk

Ere zij U, o Heer!

Hymne voor de Moeder Gods

Verheug u, Moeder Gods en Maagd, Maria vol van genade, de Heer is met u. Gezegend zijt gij onder de vrouwen en gezegend is de Vrucht van uw schoot, want gij hebt gebaard de Verlosser onzer zielen.

Пѣ́снь престѣ́й бц҃ѣ:

Бц҃е дв҃о, ра́дуйсѧ, бл҃года́тнаѧ мр҃і́е, гд҃ь съ тобо́ю: бл҃гослове́нна ты̀ въ жена́хъ и҆ бл҃гослове́нъ пло́дъ чре́ва твоегѡ̀, ꙗ҆́кѡ сп҃са родила̀ є҆сѝ дꙋ́шъ на́шихъ.

Onder uw hoede
bij de ikoon van de Moeder Gods

Onder uw hoede vluchten wij,
Maagd en Moeder van onze God.
Hoor onze smeking in alle noden
en verlos ons uit het gevaar,
gij, die alleen ongerept en gezegend zijt.
Alheilige Moeder Gods, red ons.

Tropaar tot de Beschermengel
(toon 6)

Engel van God, mijn heilige beschermer, bewaar mijn leven in de vreze voor Christus God, sterk mijn geest op de weg van de waarheid, en wek in mijn ziel de liefde voor het geestelijk leven, opdat ik, door u geleid, van Christus God grote barmhartigheid mag ontvangen.

Gebed tot de Naamheilige

Heilige.., bid voor mij, want met mijn dringende bede kom ik tot u, snelle hulp en voorspraak van mijn ziel.

Plaats voor ikoon Naamheilige

Gebed voor de levenden

Red, Heer, en ontferm U over onze priesters…, mijn ouders…, familieleden…, vrienden…, leraren… en alle rechtgelovige christenen.

Voor de levenden

Voor de levenden

Gebed voor de ontslapenen

Schenk rust, Heer, aan de zielen van Uw ontslapen dienaren en dienaressen: ..... *[namen]*..... en van alle rechtgelovige christenen. Vergeef hun al hun vrijwillige en onvrijwillige zonden en schenk hun Uw hemels Koninkrijk.

Voor de levenden

Jezusgebed

Heer Jezus Christus, Zoon van God, ontferm U over mij.

of

Heer Jezus Christus, Zoon van God, ontferm U over mij, zondaar.

Gebeden voor verschillende gelegenheden

Het vastengebed van de heilige Efraïm de Syriër

Dit gebed wordt dagelijks gebeden in de tijd van de Grote Vasten vanaf de woensdag van de boterweek tot en met de woensdag van de Lijdensweek, behalve op Zaterdag en Zondag.

Heer en Meester van mijn leven,
bewaar mij voor de geest van ledigheid,
moedeloosheid, heerszucht en ijdel gepraat.

Grote buiging

Maar schenk mij, Uw dienaar,
de geest van reinheid
nederigheid, geduld en liefde.

Grote buiging

Ja, Heer en Koning,
doe mij mijn eigen fouten zien
en niet mijn broeder veroordelen,
want Gij zijt gezegend
in de eeuwen der eeuwen. Amen.

Grote buiging

Heer, reinig mij, zondaar. *(12x met kleine buigingen)*

Herhaling van het gebed met alleen op het einde één grote buiging.

Gebed voor een zieke
(tropaar, toon 4)

Gij alleen zijt onze snelle Helper, o Christus, bezoek nu spoedig vanuit den hoge Uw lijdende dienaar/dienares... en verlos hem/haar van zijn/haar ziekte (of kwaal en/of pijn).
Richt hem/haar weer op, opdat hij/zij U onophoudelijk moge bezingen en loven door de gebeden van de Moeder Gods, o Enigmenslievende.

Gebed voor de reizigers
(tropaar, toon 2)

O Christus, Gij Die de Weg en de Waarheid zijt, zend ons Uw Engel, een getrouwe behoeder en gids, zoals Gij eens Tobias hebt behoed, en bewaar ons voor alle onheil in voorspoed tot Uw eer en roem, door de gebeden van de Moeder Gods, o Enigmenslievende.

Gebed vóór de heilige Communie
(Communiegebed van de heilige Johannes Chrysostomos)

Ik geloof, Heer, en belijd dat Gij waarlijk de Christus zijt, de Zoon van de levende God, in de wereld gekomen om zondaars, van wie ik de eerste ben, te verlossen.

Ook geloof ik, dat Dit Uw heilig Lichaam is, en Dat Uw kostbaar Bloed. Daarom bid ik U: ontferm U over mij, en vergeef mij al mijn zonden, die ik vrijwillig en onvrijwillig, in woord en daad, bewust en onbewust heb begaan, en maak mij waardig om zonder veroordeling aan Uw alheilige Mysteriën deel te nemen tot vergeving van zonden en tot eeuwig leven. Amen.

Zoon van God, neem mij heden aan als deelgenoot van Uw mystiek Avondmaal: want aan Uw vijanden zal ik dit geheim zeker niet verraden en U ook geen kus geven zoals Judas, maar zoals de rover belijd ik mijn geloof in U: gedenk mij, Heer, in Uw Koninkrijk.

Heer, moge het deelhebben aan Uw heilige Mysteriën mij niet worden tot een oordeel of veroordeling, maar tot genezing van mijn ziel en van mijn lichaam.

Dankgebeden na het ontvangen van de heilige Communie

Ere zij U, o God. *(3x)*

Gebed van de heilige Basiel de Grote
(tweede gebed)

Meester Christus God, Koning der eeuwen, Schepper van alle dingen, ik dank U voor alle zegeningen die Gij mij hebt geschonken, en voor het deelnemen aan Uw allerzuiverste en levendmakende Mysteriën.

Daarom bid ik U, algoede en menslievende God: bewaar mij onder Uw hoede, en in de schaduw van Uw vleugelen: en schenk mij dat ik tot mijn laatste adem Uw heilige Mysteriën mag ontvangen met een zuiver geweten, ter vergeving van mijn zonden en tot eeuwig leven.

Want Gij zijt het Brood des levens, Bron van alle heil, Schenker van al het goede: aan U brengen wij de eer, aan de Vader, en de Heilige Geest, nu en altijd, en in de eeuwen der eeuwen, Amen.

Gebed van de rechtvaardige Simeon

Nu laat Gij, Heer, Uw dienaar gaan in vrede
naar Uw woord, want mijn ogen hebben Uw
heil aanschouwd, dat Gij bereid hebt voor het
aangezicht van alle volkeren, Licht tot verlichting
der heidenen en tot glorie voor Uw volk Israël.

Slot

Eer aan de Vader, de Zoon, en de Heilige Geest, nu
en altijd, en in de eeuwen der eeuwen. Amen.

U, eerbiedwaardiger dan de Cherubijnen,
en onvergelijkelijk glorierijker dan de Serafijnen,
die ongerept God het Woord hebt gebaard,
in waarheid Gods Moeder: u verheffen wij.

Door de gebeden van onze heilige vaders, Heer
Jezus Christus, onze God, ontferm U over ons.
Amen.

Tropaar en Stichira van Pasen

Pasen – de Opstanding des Heren

Tropaar
(toon 5)

Christus, opgestaan van de doden,
overwon de dood door Zijn dood,
aan allen in de graven schonk Hij het leven.

Stichira
(toon 6)

Uw Opstanding, o Christus Heiland, bezingen de Engelen in de hemelen: maak ook ons op aarde waardig U met een rein hart te loven.

Troparen van de overige Hoogfeesten:
Beweeglijke Feesten

De Intocht des Heren in Jeruzalem – Palmpasen
(toon 1)

Vóór Uw lijden hebt Gij getoond, hoe wij allen zullen verrijzen. Van de doden hebt Gij Lazarus opgewekt, o Christus God. Laat ons daarom als de kinderen de palmen dragen der overwinning. Laat ons roepen: Gij Die de dood hebt overwonnen, hosanna in den hoge! Gezegend Hij Die komt in de Naam des Heren.

Hemelvaart des Heren
(toon 4)

Opgevaren in heerlijkheid zijt Gij, o Christus onze God, en vreugde hebt Gij Uw leerlingen bereid door de belofte van de Heilige Geest. En door Uw zegen leerden zij, dat Gij zijt de Zoon van God, de Verlosser der wereld.

Pinksteren – Komst van de Heilige Geest
(toon 8)

Gezegend zijt Gij, Christus onze God, Gij Die de vissers wijsheid hebt geschonken door hen de Heilige Geest te zenden. Gij Die door hen de wereld hebt gevangen, ere zij U, o Menslievende.

Vaste Feesten

Geboorte van de Moeder Gods
8/21 september
(toon 4)

Uw geboorte, o Moeder Gods en Maagd,
verkondigde vreugde aan de gehele wereld. Want
uit u is geboren Christus onze God. Hij is de Zon
der gerechtigheid. Van de vloek heeft Hij ons
verlost, de zegen hebben wij van Hem ontvangen.
Hij Die de dood overwon, schonk ons het eeuwig
leven.

Kruisverheffing
14/27 september
(toon 1)

Red, Heer, Uw volk en zegen Uw erfdeel.
Schenk aan de rechtgelovige christenen
de overwinning over de vijanden
en bewaar Uw gemeenschap door Uw Kruis.

Opdracht van de Moeder Gods in de Tempel - Tempelgang
21 november / 4 december
(toon 4)

Voorafgebeeld wordt heden Gods welbehagen: de verkondiging van de verlossing der mensen. De Maagd verschijnt in de Tempel van God; om Christus aan te kondigen is zij gekomen. Tot haar roepen ook wij met luider stem: verheug u, o Alreine, vervulling van het heilsplan des Heren.

Geboorte van Onze Heer God en Verlosser Jezus Christus
25 december / 7 januari
(toon 4)

Uw geboorte, o Christus onze God, heeft aan de wereld het licht der kennis geschonken. Want de wijzen, die de sterren vereerden, hebben door een ster geleerd, U te aanbidden als de Zon der gerechtigheid en U te erkennen als de Opgang uit den hoge. Heer, ere zij U.

Verschijning des Heren – Theofanie
6/19 januari
(toon 1)

Toen Gij, Heer, gedoopt werd in de Jordaan, werd de aanbidding der heilige Drieëenheid openbaar. Want de stem des Vaders heeft van U getuigd en noemde U Zijn geliefde Zoon. De Geest in de gedaante van een duif bevestigde de waarheid van dit woord. Verschenen zijt Gij, o Christus God, en hebt de wereld verlicht: ere zij U.

Opdracht van het Kind in de Tempel - Ontmoeting
2/15 februari
(toon 1)

Verheug u, hooggezegende Moeder Gods en Maagd, want uit u is opgegaan de Zon der gerechtigheid, Christus onze God, om hen te verlichten die in de duisternis zijn. Verheug u ook, rechtvaardige Simeon, want in uw armen hebt gij gedragen de Bevrijder onzer zielen, Die ons ook de opstanding schenkt.

Aankondiging van de Geboorte –Annunciatie
25 maart / 7 april
(toon 4)

Heden is de aanvang van onze verlossing, de openbaring van het eeuwig heilsmysterie: de Zoon Gods wordt de Zoon der Maagd. Gabriël verkondigt de Blijde Boodschap der genade. Met hem roepen ook wij tot de Moeder Gods: verheug u, vol van genade, de Heer is met u.

Verheerlijking op de Berg - Transfiguratie
6/19 augustus
(toon 7)

Gij werd verheerlijkt op de berg, o Christus God. Aan Uw leerlingen toonde Gij Uw heerlijkheid voor zover zij die konden verdragen. Doe ook voor ons zondaars Uw eeuwig Licht stralen, door de gebeden van de Moeder Gods, Gij die ons licht schenkt: ere zij U.

Ontslaping van de Moeder Gods
15/28 augustus
(toon 1)

Gij die hebt gebaard en Maagd zijt gebleven, gij hebt na uw ontslaping de wereld niet verlaten, o Moeder van God. Tot het Leven zijt gij opgegaan, o Moeder des Levens. Door uw gebeden worden onze zielen van de dood gered.

De tekst van de gebeden is afkomstig uit het Orthodox Gebedenboek volgens de traditie van de Russisch-Orthodoxe Kerk (Baarn: Uitgeverij Ten Have, 2000), behalve de twee gebeden Vóór de les en Na de les. De keuze van de gebeden werd gemaakt met het oog op de jonge leeftijd.

De afbeeldingen zijn van de hand van Anna Kudnikova en zijn met toestemming van de uitgever overgenomen uit een russisch gebedenboek voor kinderen (Detsckij Molitvoslov) uitgegeven door het Sretenski Klooster te Moskou in 2004.

Deze uitgave kwam tot stand onder de verantwoordelijkheid van de redactie van Stichting Orthodox Logos.

© 2021, Stichting Orthodox Logos

www.ingramcontent.com/pod-product-compliance
Lightning Source LLC
Chambersburg PA
CBHW042234090526
44588CB00005B/75